LA QUESTION ALGÉRIENNE EN 1872

DISCUSSION

ENTRE M. LUCET

DÉPUTÉ DE L'ALGÉRIE

ET M. DE GUEYDON

GOUVERNEUR GÉNÉRAL

EN PRÉSENCE DE M. THIERS

LE 24 OCTOBRE 1872

CONSTANTINE
IMPRIMERIE DE L. MARLE

1872

LA

LA QUESTION ALGÉRIENNE

EN 1872

M. Lucet a adressé à un de ses amis de Constantine la lettre suivante :

Versailles, 31 octobre 1872.

J'ai laissé les journaux raconter à leur aise l'entrevue qui a eu lieu jeudi dernier dans le cabinet particulier de M. Thiers, entre l'amiral de Gueydon et moi, et je n'ai pas cru devoir intervenir dans leur polémique, par pure déférence pour le président de la République, à qui je n'ai pas voulu donner le regret d'avoir trop compté sur ma discrétion et mon savoir vivre. Mais les narrations fantaisistes communiquées aux journaux me dégagent de cet engagement vis-à-vis de moi-même. Voici donc l'exposé exact de cet entretien.

M. Lucet indique les difficultés qu'il a eues à surmonter pour obtenir cet entretien, difficultés provoquées par certains personnages de l'entourage du président, dévoués au gouverneur. Enfin il obtient un rendez-vous pour le 24 octobre, à deux heures, et il s'y rend à l'issue de la séance de la Commission de permanence.

La conférence eut lieu dans le cabinet particulier de M. le président de la République, sans autres interlocuteurs ou témoins que lui, l'amiral de Gueydon et moi ; elle dura plus de deux heures ; il me serait difficile d'en reproduire tous les détails ; je me bornerai donc à vous en faire une sorte de compte-rendu analytique.

M. Thiers. — Je vous ai réunis, messieurs, pour causer ensemble sur les affaires de l'Algérie et pour tâcher de nous entendre, si c'est possible. Voyons, M. Lucet, puisque vous ne partagez pas la manière de voir de l'amiral sur certaines questions, formulez vos griefs et réglons la discussion par *primo, secondo, tertio*, de façon à éviter la confusion et les redites.

M. Lucet. — Je vais suivre la méthode que vous m'indiquez, M. le président, et je vous promets, pour mon compte, de ne pas m'en écarter.

1° Je vais parler d'abord de la politique générale suivie en Algérie par M. l'amiral de Gueydon. Selon moi, cette politique est déplorable parce qu'elle est subversive de l'ordre public, de l'entente et de l'union qui devraient régner en Algérie, pour la plus grande prospérité du pays, et qui n'avaient cessé d'y régner avant l'arrivée de l'amiral. Diviser pour régner, telle est la maxime qu'il a adoptée et qu'il met en pratique. En Algérie, il n'y a jamais eu que des républicains. M. de Gueydon y a créé un parti soi-disant radical, qui n'a rien de commun avec le radicalisme tel qu'on le comprend en France, composé en partie d'hommes de bonne foi mais aveugles, et pour l'autre partie d'hommes déclassés ou d'ambitieux vulgaires qui, tout en exagérant les saines doctrines républicaines, pour se faire une clientèle dans la foule ignorante, pactisent avec les principes anti-républicains et anti-colonisateurs dont M. l'amiral de Gueydon s'est fait le grand prêtre. Je pourrais, s'il le fallait, citer des noms propres et des actes à l'appui de mon affirmation ; j'attendrai, pour le faire, que mon contradicteur ait répondu au reproche que je lui adresse, touchant sa politique générale.

M. DE GUEYDON. — En Algérie, en effet, tout le monde est républicain, mais si les deux partis que signale M. Lucet existent et se font la guerre, ce n'est pas moi qui les ai créés ; ils sont, comme en France, nés des circonstances politiques de ces temps troublés. Pour moi, fidèle au programme que je me suis tracé en arrivant en Algérie, je ne m'occupe nullement de politique, je consacre toute mon activité, tout mon dévouement à la colonisation de l'Algérie et à son peuplement.

Ici, l'amiral commence l'exposé de ses plans de colonisation et de peuplement.

M. LUCET l'interrompant. — Pardon, M. l'amiral, vous sortez de la question ; tout à l'heure nous arriverons à la colonisation, ce sera l'objet de notre second point.

M. DE GUEYDON reprenant avec une animation extrême. — Eh bien ! monsieur, je proteste de la façon la plus formelle contre votre allégation ; en Algérie je n'ai de préférence pour personne ; j'accepte le concours de tous, sans rechercher ce qu'ils furent et sans me permettre de fouiller dans leur vie privée. Je respecte par dessus tout le suffrage universel, et ne saurais, sans lui faire injure, faire mauvais accueil aux hommes qu'il choisit pour mandataires ; je vous défie de me citer un exemple à l'appui du reproche que vous m'adressez.

M. Lucet cite alors plusieurs faits, entre autres les lettres écrites par l'amiral aux rédacteurs, notoirement tarés de certains journaux, dans lesquelles les appellations les plus intimes s'étalent ; un certain voyage fait en commun sur le vaisseau-amiral, puis enfin la nomination dans les bureaux du secrétariat général d'un ancien comédien, l'homme le plus mal famé de l'Algérie, au grand scandale des autres employés et de la population tout entière. Il ajoute qu'il est de notoriété publique que le gouvernement général subventionne, lui, le représentant le plus élevé du pouvoir central, une presse systématiquement hostile à ce gouvernement, uniquement pour y faire défendre ses théories de colonisation conspuées par tous les autres organes de publicité et par la partie saine et éclairée de la population. Cette situation, ajoute en terminant M. Lucet, trouble l'esprit public, jette le découragement parmi les vrais républicains qui veulent, avec des institutions libres, le respect de la loi et des personnes. Il est temps d'y mettre un terme et j'appelle sur ce point la sérieuse attention de M. le président de la République.

M. de Gueydon explique le voyage dont vient de parler M. Lucet. Je ne pouvais pas le jeter à la mer, a-t-il dit, car il est entré subrepticement sur mon navire ; arrivé à Philippeville, je ne pouvais pas le laisser aborder la côte à la nage ; enfin, un wagon de chemin de fer appartient à tout individu qui paie sa place, et je ne pouvais pas empêcher ce monsieur de prendre place dans celui que j'avais choisi. — Il a ensuite répété ce qu'il venait de dire au sujet de la déférence due aux élus du suffrage universel.

M. Lucet a répliqué que nul plus que lui, élu député par ce suffrage et membre du Conseil général, ne respectait ses décisions souveraines, mais qu'il y a loin de cette déférence, moralement obligatoire, à la ligne de conduite adoptée par le gouverneur dans ses rapports extra-officiels avec certaines individualités qui ne sauraient prétendre posséder l'estime de la population.

M. Thiers n'a pas soufflé mot pendant toute cette discussion.

— Passons au deuxièmement, s'est-il contenté de dire.

M. Lucet. — Le deuxièmement va porter sur la question de colonisation et de peuplement; c'est la question capitale de l'Algérie.

Le député de Constantine fait l'exposé de la législation actuelle concernant l'attribution des terres domaniales aux colons. Il préconise la vente à bureau ouvert et à prix réduit, comme étant le système à appliquer de préférence à tout autre; il accuse l'amiral d'avoir fait tous ses efforts pour paralyser l'effet de la loi du 15 septembre 1871 concernant les 100,000 hectares attribués aux émigrants alsaciens-lorrains par l'Assemblée nationale; — il aborde ensuite la critique du Titre II du décret du 16 octobre 1871 qui soumet les nouveaux colons à un bail de 9 années, avec obligation de résidence, sous peine de résiliation. — Il prouve que le remède qu'a voulu porter à cette situation précaire le décret du 10 octobre courant, est complètement illusoire et il conclut à l'abrogation du décret néfaste du 16 octobre 1871 précité.

L'amiral répond que s'il n'a pas appliqué la loi des 100,000 hectares, c'est qu'il ne s'est présenté qu'un nombre insignifiant de familles nanties de la somme réglementaire de 5,000 fr.; il ajoute qu'il ne pouvait pas faire exécuter d'avance les travaux d'utilité communale votés par l'Assemblée au profit des nouveaux villages, puisque ces travaux sont réservés aux immigrants eux-mêmes pour leur créer des ressources sur place.

M. Lucet. — Mais, au moins, des baraquements et des terres alloties d'avance, puisque la loi prescrit que ces terres seront livrées au colon immigrant *dès son arrivée,* avec titres et plan à l'appui. Or, rien de cela n'est fait.

M. de Gueydon. — Je soutiens que tous ceux qui se sont présentés dans les conditions voulues ont obtenu pleine satisfaction.

M. Lucet. — S'il en est ainsi, veuillez, monsieur l'amiral, répondre d'une façon catégorique à la question que je vais vous adresser.

Il y a déjà plus de huit jours, mon collègue, M. Warnier, et moi avons écrit à M. le ministre de l'intérieur une lettre collective, pour l'informer qu'un des plus riches industriels d'Alsace, aujourd'hui à Paris, nous avait offert de diriger sur l'Algérie deux cents familles de choix, pour y fonder deux ou trois villages dont le succès servirait d'attraction à une énorme quantité d'autres immigrants; nous ajoutions que par le soin des comités de patronage, dont ce grand industriel est un des membres les plus influents, chacune de ces deux cents familles serait nantie de la somme de 5,000 francs exigée par la loi du 15 septembre. Mais on exige de nous, députés, que nous affirmions, *sous notre responsabilité morale*, qu'aussitôt leur débarquement en Algérie, ces immigrants seront mis en possession des terres auxquelles ils ont droit, et trouveront des abris suffisamment confortables pour les garantir contre l'intempérie de la saison. M. le ministre nous a répondu qu'il avait transmis notre lettre en communication au gouverneur général, à qui il appartient de lui donner la suite qu'elle comporte. Eh bien ! je vous prie de vouloir bien me dire quelle est la suite que vous comptez lui donner ; et, pour qu'il ne vous reste aucun fauxfuyant, j'ajouterai que la personne qui m'a fait à moi-même cette offre patriotique, est M. Schwartz Kœcklin, le plus grand et le plus riche industriel de Mulhouse ; il m'a assuré qu'il avait déjà 500,000 francs en caisse, qu'il se faisait fort de faire appliquer à la destination dont je viens de parler, et que, dans huit jours, l'autre demi-million serait réuni par les mêmes comités, si nous pouvions fournir la garantie morale qu'on nous demandait au sujet de la disponibilité des terres et la confection des abris. M. Thiers connaît la parfaite honorabilité de M. Schwartz Kœcklin ; l'offre qu'il m'a faite est donc très-sérieuse et mérite qu'on y réponde.

M. de Gueydon. — Je ne veux pas l'intervention de capitalistes dans la colonisation algérienne ; la Compagnie suisse de Sétif et la Société algérienne sont là pour prouver que le capital n'a d'autre but que d'accaparer les terres pour les revendre ou les louer aux Arabes avec profit, et nullement pour les livrer à la colonisation.

M. Lucet. — Pardon, monsieur l'amiral ; il ne s'agit pas ici de compagnies financières, mais uniquement de comités de patronage essentiellement philantropiques. Ne sortons pas de la question.

M. de Gueydon. — Je ne veux pas admettre des familles de colons en possession de sommes qui ne seraient pas leur propriété propre et qu'elles ne détiendraient qu'à titre de prêt ou d'avances (*).

M. LUCET. — Auriez-vous, par hasard, la prétention de rechercher l'origine des valeurs mobilières ou pécuniaires dont les immigrants justifient la possession? Oubliez-vous qu'en fait de meubles possession vaut titre? D'ailleurs, que vous importe l'origine des ressources, pourvu qu'appliquées à la mise en valeur du sol concédé, elles s'y incorporent comme garantie de la stabilité du nouvel occupant?

M. DE GUEYDON. — Dans tous les cas, je veux m'en tenir aux termes de la loi, et n'accepterai d'autres colons que ceux qui auront été acceptés par les comités de Nancy et de Belfort.

M. LUCET. — Mais, monsieur, les deux comités dont vous parlez ont été institués pour la période qui a précédé l'échéance fatale du 1er octobre courant pour faire option de nationalité. Aujourd'hui, tous les immigrants, ou presque tous, sont répandus sur le sol français, et il serait absurde de les soumettre aux appréciations des comités-frontières. Laissez donc les comités de patronage qui se sont institués à Paris ou ailleurs faire leur œuvre patriotique, et, pour Dieu! secondez-les, au lieu de les entraver.

M. DE GUEYDON. — Je ferai exécuter votre loi du 15 septembre. Si les immigrants sont dans les conditions voulues, ils jouiront du bénéfice

(*) Pour faire une pareille réponse, il fallait que M. de Gueydon fut bien acculé par son adversaire. M. de Gueydon est l'auteur d'un décret daté du 10 octobre 1872, autorisant les immigrants au titre II à emprunter sur leurs concessions futures. S'il admet et si même il favorise les emprunts au titre II, il ne peut s'opposer, avec quelque apparence de logique, aux emprunts au titre Ier.

de cette loi ; dans le cas contraire, ils seront reçus au titre II.

M. Lucet. — Je vous affirme qu'ils rempliront les conditions voulues. Avez-vous des terres à leur donner immédiatement ? Voilà la question bien simple et bien nette que je vous pose, car le temps presse, et l'Amérique dévore tous les jours notre stock d'immigrants.

M. de Gueydon. — J'ai envoyé votre demande à la direction des affaires civiles d'Alger, pour qu'elle y soit instruite ; quand cette instruction sera terminée, vous en connaîtrez le résultat.

M. Lucet, à M. Thiers. — Vous voyez maintenant, monsieur le président de la République, comment M. l'amiral de Gueydon fait de la colonisation. Est-il possible, je vous le demande, que nous marchions d'accord avec lui ?

Et vous ne savez pas tout encore. Les malheureux immigrants qui ont eu le courage de braver toutes les causes d'insuccès que M. de Gueydon accumule à plaisir sur leur chemin, quel sort leur est fait en Algérie ! Rien n'est disposé pour les recevoir. Quelques-uns sont là depuis six mois sur leurs terres, sans que la délimitation du lot qui leur appartient ait été faite. Presque partout les villages sont placés dans des conditions déplorables. La fièvre y consume les habitants, alors qu'à quelques cents mètres se trouvent des plateaux salubres, abondamment pourvus d'eau. On a créé, près de Bougie, un village, la Réunion, où, sur cent cinquante personnes, la moitié des enfants ont succombé, et soixante hommes ou femmes sont à l'hôpital de Bougie. Cinq cents mètres plus loin, la fièvre n'a pas accès. Ajoutez à la fièvre des habitations insalubres, ouvertes à tous les vents, faites par des Arabes menés à coups de bâton et sans surveillance, et vous aurez une idée des souffrances de ces malheureux.

M. DE GUEYDON. — Tout cela est inexact. Tout se fait et va pour le mieux. Ceux qui prétendent le contraire se trompent ou sont des détracteurs systématiques de mon administration.

M. THIERS. — Il me semble qu'il y a un grand intérêt à prendre tous ceux qui consentent à se rendre en Algérie, et à les installer d'une façon satisfaisante. Rien n'est déplorable comme l'effet produit en France par ces insuccès.

M. LUCET. — Oh ! n'espérez pas, monsieur le président, avoir converti M. l'amiral ; il est enraciné dans son titre II, et il mourra dans l'impénitence finale, dut l'Algérie y succomber.

M. DE GUEYDON. — Vous avez pris à partie ce titre II, et vous le poursuivez avec plus d'acharnement encore que je n'en mets à le défendre. Mais suis-je le seul à en proclamer l'excellence ? Les conseils généraux de l'Algérie et le Conseil supérieur de gouvernement en raffolent (*sic*), et votre collègue, le député Colas, est venu me voir avant-hier, pour faire amende honorable de toutes les attaques auxquelles il s'était associé avec le reste de la députation algérienne. Il m'a affirmé qu'il donnait, sans exception et sans restriction, la plus complète approbation à tous les actes de mon administration ; enfin, il regarde le titre II comme le seul moyen de coloniser et de peupler l'Algérie. M. Colas a les mêmes titres que vous à la confiance du gouvernement, et son approbation, je pense, est bien faite pour compenser votre improbation.

M. LUCET. — Il ne m'appartient pas de rechercher les causes de la conversion subite de M. Colas à vos doctrines ; je me permettrai encore moins de contester la valeur relative de ses appréciations ; je me bornerai à vous dire que vous seriez encore plus surpris que moi de sa conversion, si vous aviez pu entendre ce qu'il disait de vous et de vos actes, dans les diverses conférences de la députation algérienne auxquelles il a pris part.

Mais pour en revenir à la question qui nous occupe, je constate que vous êtes dans l'impuissance d'y répondre, et que nous sommes obligés de dire à M. Kœcklin que *l'affaire est à l'instruction dans vos bureaux d'Alger !*

M. Lucet, continuant. — A propos de terres, vous vous êtes vanté, paraît-il, de vous en être procuré 300,000 hectares des meilleures, au moyen du séquestre ; vous avez prétendu que les tribus révoltées et frappées de séquestre avaient volontairement consenti à passer avec une commission par vous nommée, des actes de cession de terrains, destinés à la formation de nouveaux villages, dans les riches vallées du Sahel et de l'Oued-Sebaou, en Kabylie. Vous avez même amené avec vous d'Alger, et présenté chez M. le président de la République, pour y faire appuyer vos affirmations, le conseiller de la Cour d'appel président de la susdite commission. Eh bien ! je vais vous dire ce que je pense de votre procédé, et ce que vous devez en attendre comme résultat. J'espère que vous vous ferez un devoir de réfuter, si cela vous est possible, mon appréciation, car c'est une question de moralité et de légalité autant que de politique algérienne.

Voici comment a opéré votre commission, d'après vos instructions :

Elle est allé en pays kabyle, sur les lieux où il avait été arrêté d'avance que des terres seraient prises pour la création de villages. Elle était composée d'un conseiller à la cour, d'un officier du bureau arabe, d'un agent des domaines, d'un délégué du conseil général, et enfin d'un géomètre pour marquer les limites des terrains à prendre. On fait appeler la Djemâa, conseil municipal de la tribu ; on dit à ces hommes, effrayés de ce qui les menace : Voilà un arrêté du sultan du pays, le gouverneur général, qui, en punition de votre révolte, a sequestré toutes vos terres comme le lui prescrit la loi française; d'après cette loi, dans deux ans à dater du dit arrêté, vous serez tous chassés de votre territoire, et vos propriétés tout entières appartiendront au beylik qui les donnera à des colons français. Voulez-vous faire un marché ? cédez-nous, dès aujourd'hui, le cinquième de vos terres, à notre choix, les quatre cinquièmes restants seront affranchis du sequestre; et comme il serait injuste que les propriétaires des parcelles que nous prenons subissent seuls cette perte, vous allez vous engager, au nom de la tribu, à les indemniser de la valeur des immeubles dont ils sont dépouillés.

— Mais, dit le membre le plus raisonnable et le plus hardi de la Djemâa, nous n'avons pas le droit de stipuler au nom de particuliers ; nous ne pouvons pas les priver ainsi de leurs propriétés sans leur consentement, même en les indemnisant. Notre pouvoir de membres de la Djemâa ne nous permet pas davantage de frapper d'une soire de contribution notre tribu, pour servir à indemniser les membres que vous voulez déposséder. Bien plus, nous n'avons pas le droit d'aliéner tout ou partie de notre territoire appartenant à la commune.

Pensez-vous que ces objections aient arrêté votre commission ? Pas le moins du monde ; elle a passé outre. Souvent les choses se sont faites sans observations ni opposition de la part des

Kabyles ; d'autres fois, plusieurs membres des Djemâas se sont retirés, mais ceux qui sont restés ont signé pour eux ou bien on s'est passé de leur signature. Et c'est ce que vous appelez des actes réguliers ! Et moi je vous dis que ce sont des procédés honteux pour notre civilisation, et que si nos tribunaux étaient appelés à statuer sur la validité de ces actes, ils n'hésiteraient pas à les déclarer nuls comme entachés de dol, de fraude et de captation. Tenez, Monsieur l'amiral, voulez-vous en faire l'épreuve ? Choisissez parmi tous ces contrats qui forment, dit-on, une appropriation de 30,000 hectares et non de 300,000, celui que vous jugerez le plus parfait, le plus inattaquable ; soumettez-le à l'examen de M. le garde des sceaux, et vous verrez s'il hésitera à le déclarer radicalement nul comme entaché des vices odieux que je viens de signaler. Ah ! il ne faut pas être surpris que les Kabyles qui naguère portaient les armes contre nous, demandent aujourd'hui en masse à se faire naturaliser Français ! Leur unique but est certainement de se soustraire ainsi à la confiscation qui les menace. Je comprendrais, et les Kabyles auraient compris à merveille qu'on eût pris les terres qu'ils avaient abandonnées en masse pendant l'insurrection. C'eût été un fait de guerre parfaitement licite et conforme aux mœurs des indigènes ; l'article 29 de l'ordonnanee de 1845 sur le sequestre, l'autorisait. Mais, non, vous avez *systématiquement* repoussé ce procédé et aujourd'hui, lorsque les propriétaires du sol en ont repris possession depuis plus d'un an, qu'ils le cultivent comme par le passé, vous venez les en déposséder par une procédure innommée ! Non, cela ne peut pas se faire ainsi et vous ne pousserez pas plus loin votre essai ; d'ailleurs, quoique vous en disiez, il ne vous a pas encore procuré une superficie appréciable de terre. Désormais, après la faute que vous avez commise, il ne vous reste plus que la voie de l'expropriation pour cause d'utilité publique, et le Trésor saura ce qu'il en coûtera.

M. DE GUEYDON. — Vous prétendez que les actes intervenus entre la commission du séquestre et les Djemâas kabyles sont nuls ; je prétends le contraire et j'ai, de mon côté, l'opinion des premiers magistrats de la Cour d'Alger qui ont approuvé et même indiqué cette marche dans le sein du conseil supérieur du gouvernement. D'ailleurs, j'applique sur une très large échelle l'expropriation pour cause d'utilité publique avec prise de possession d'urgence, et pour cela faire, je me suis entendu avec M. le ministre de l'intérieur et son collègue des finances, de façon à opérer, au lieu d'une consignation en numéraire, un simple mandat de trésorerie. Les terres ne manqueront donc pas et nous nous procurerons ainsi toutes celles dont nous aurons besoin.

M. LUCET. — Je doute fort que les procédés mis en pratique par vos commissions de séquestre soient conformes aux instructions arrêtées en conseil supérieur, c'est un fait à vérifier (*).

(*) Voici les points principaux de la discussion engagée devant le conseil supérieur :

Extrait du rapport présenté par M. Vinet : « Pour les terres arch, ces terres (celles destinées à la colonisation) seraient fournies par voix de transaction ; pour les terres melk, celles que nous voudrions conserver seraient *régulièrement expropriées.* »

Suivent plusieurs formules de projets pour se procurer des terres, dans l'une, (la seule relative aux melk) porte ce titre : POUR LES CESSIONS TERRITORIALES DE MELK, LA COMMISSION N'ADMET D'AUTRE MOYEN DE PROCÉDER QUE L'EXPROPRIATION SUR SEQUESTRE.

« *M. le Procureur général* pense que c'est avec raison que la commission distingue entre les terres arch et les terres melk. La

Toujours est-il que je maintiens énergiquement mon appréciation sur l'illégalité et la portée négative des actes qui ont été l'œuvre de ces commissions. Quant à vos expropriations, je vous attends au quart-d'heure de Rabelais.

M. Thiers a paru très impressionné par cette discussion ; il s'est contenté d'écouter et n'a fait aucune observation.

terre arch est une propriété collective, il en est tout autrement des terres melk. Pour l'aliénation de cette terre, *le consentement du propriétaire est nécessaire*, et, dans certain cas, l'expropriation est substituée à ce consentement. Il conclut en déclarant que la commission a eu raison d'admettre pour les melk l'expropriation et pour les arch des conventions avec les Djemâas.

« *M. le Premier président* répond qu'à ses yeux une convention avec les Djemâas est *légale* pour les terres arch, mais la commission, à l'égard des melk, n'admet que l'expropriation ; 'opinant admet également *la transaction avec le propriétaire*.

« *M. du Pré-de-St-Maur* fait connaître quel motif a porté la commission à repousser la transaction pour les terres melk. C'est qu'à ses yeux on ne peut jamais être certain de réunir tous les propriétaires. *D'où il suit qu'un contrat passé avec neuf co-propriétaires, quand il y en a dix, peut donner lieu à des difficultés*.

« *M. le Rapporteur*. Pour les tribus melk, il sera impossible de recourir à la voix des transactions. Car *il suffirait d'un seul propriétaire indivis qui n'aurait pas figuré au contrat, pour faire annuler l'acte par la justice*.

« *M. le Premier président*. En ce qui concerne les arch, aucune difficulté ne peut se présenter. Restent les tribus melk. A leur égard vous avez la voie de la transaction ou celle de l'expropriation. » (Conseil supérieur p. 50 à 68).

Toutes les tribus des environs de Bougie dont il a été question dans la conversation entre M. Lucet et M. de Gueydon (les seules sur lesquels il ait été opéré) sont des tribus melk.

On voit que la nécessité du consentement *de chaque propriétaire*, toutes les fois qu'il s'agit de transaction en territoire melk, n'a pas un seul instant été mise en doute par *les premiers magistrats de la cour d'Alger* dont M. de Gueydon invoque le témoignage. A défaut de ce consentement *unanime*, auquel celui de la Djemâa ne saurait suppléer, la seule voie ouverte est celle de l'expropriation.

Nous sommes ensuite passés au *tertio*, c'est-à-dire à l'administration proprement dite de l'amiral, et aux réformes qu'il prétend introduire en Algérie dans les divers services.

M. Lucet. — M. l'amiral et ses partisans nous accusent de vouloir soumettre l'Algérie à une assimilation radicale et immédiate avec la France. C'est une manière de se donner facilement raison sur certains points. Eh bien ! je commence par protester de toutes mes forces contre une pareille imputation. Nous sommes assimilateurs progressifs, c'est-à-dire dans la limite de ce qui est possible et réalisable. Rien de plus, rien de moins. L'assimilation est notre objectif et nous prétendons faire converger vers cet objectif la politique et l'administration intérieure de l'Algérie ; l'objectif de l'amiral et de ses adeptes est, au contraire, l'autonomie coloniale qui tourne le dos à l'assimilation et qui converge vers la séparation comme terme final.

M. Thiers. — Oh ! nous ne voulons pas de cela, l'Algérie doit être et doit rester française.

M. de Gueydon. — Je ne le veux pas davantage et je déclare de la façon la plus formelle que tout autant que M. Lucet, je suis partisan de l'assimilation telle qu'il vient de la définir.

M. Lucet. — Et le parlement colonial ?

M. de Gueydon. — Mais je le repousse comme une folie.

M. Lucet. — Je suis d'autant plus heureux de recueillir la déclaration de M. le gouverneur, que j'étais loin de m'y attendre. Ses sympathies pour un parlement colonial dont il eut été le président et l'inspirateur, n'étaient un mystère pour personne en Algérie, et je suis convaincu que les adeptes de ce qu'il appelle maintenant une *folie*, seraient peu flattés de sa protestation. Eh bien ! c'est chose entendue, M. l'amiral de Gueydon est assimilateur et il y avait entre nous un malentendu.

M. de Gueydon. — Je n'ai demandé et je ne demande qu'un budget colonial.

M. Lucet. — Parlons donc de votre budget colonial et sondons la portée de cette innovation financière.

Je vous dirai d'abord que ce n'est pas vous qui l'avez inventé, ce budget colonial, et que sa création se trouve expliquée et formulée dans le rapport rédigé par M. Béhic, en sa qualité de rapporteur de la commission présidée par le maréchal Randon, dans les premiers mois de 1870, et dans le projet de sénatus-consulte qui y fait suite, mais je crois pouvoir affirmer que l'économie de ce projet s'éloigne profondément de celui que vous cherchez à faire prévaloir. Le premier, en effet, a pour but de subvenir à des dépenses afférentes au service local de l'Algérie, au moyen d'impôts purement locaux ; tandis que le second voudrait réunir en un seul budget, les dépenses spéciales à l'Algérie et y pourvoirait à l'aide des impôts d'Etat, et, ce qui est plus grave encore, supprimerait les budgets départementaux pour les confondre avec le budget général de la colonie. En un mot, l'autonomie algérienne rêvée par M. de Gueydon aurait pour effet de détruire l'autonomie départementale qui est la base de l'assimilation ; de proche en proche, elle irait même jusqu'à corroder et détruire la commune. Il ne me serait pas difficile de prouver par des faits irrécusables que les tendances de l'amiral sont bien accusées dans le sens que j'indique.

M. de Gueydon expose longuement son plan

de budget colonial et cherche à établir que c'est pour l'Algérie le seul moyen de pourvoir d'une manière certaine à ses besoins et à son développement.

M. Lucet répond qu'il faut, avant tout, se créer des ressources au moyen d'impôts susceptibles d'une répartition équitable et d'un recouvrement facile. A ce sujet, il fait la critique du projet de réforme des impôts arabes, issu de l'initiative de l'amiral.

M. de Gueydon répond qu'il n'a encore présenté aucun projet.

M. Lucet tire de sa poche le projet en question, libellé sous forme de décret, et demande à l'amiral s'il le reconnaît pour sien.

L'Amiral déclare que ce projet n'est pas de lui, qu'il est l'œuvre de ses bureaux, et qu'il ne se l'appropriera que le jour où il y apposera sa signature.

M. Lucet. — Mais, monsieur l'amiral, c'est par votre ordre que ce document a été soumis à l'examen et à l'approbation préalable des conseils généraux de l'Algérie ; comment donc pouvez-vous en désavouer la paternité ? En fin de compte, vous le connaissez ?

L'Amiral. — Oui, je le connais.

M. Lucet. — L'approuvez-vous ?

L'Amiral. — Je n'ai pas à l'approuver ou à l'improuver ; je réserve ma manière de voir et ne vous reconnais pas le droit de provoquer ici une réponse.

M. Thiers. — Je pense que l'Algérie, pour qu'elle puisse pourvoir d'une manière certaine aux dépenses occasionnées par ses travaux publics, devrait être dotée de ressources librement votées par ses habitants et dépensées sous le contrôle des contribuables. Reste à savoir où prendre ces ressources? Eh bien! j'ai ménagé à l'amiral une conférence avec les chefs de bureau des diverses sections du ministère des finances, pour qu'avec ces hommes de savoir et d'expérience, il prépare un projet de réforme d'impôts spéciaux à l'Algérie. Quand ce projet sera élaboré, comme il doit faire l'objet d'une loi, il sera présenté à la discussion de l'Assemblée nationale, et, en vertu de votre droit de député, vous provoquerez toutes modifications, vous ferez telles contradictions que vous jugerez convenables.

M. Lucet. — Du moment que l'Assemblée nationale doit être saisie, je n'ai plus rien à dire; nous examinerons et discuterons ce projet, tant au point de vue de son opportunité, que sous le rapport des procédés d'application, et l'Assemblée y apportera, au besoin, toutes les modifications qu'elle croira conformes aux intérêts de l'Algérie.

La discussion a ensuite roulé sur l'administration de M. de Gueydon. M. Lucet a fait l'exposé de la situation, de manière à établir que le gouvernement dit *civil* de M. de Gueydon était plus *militaire* que jamais; il a passé en revue les divers services qui avaient été remplacés par d'autres portant des noms nouveaux, mais sans attributions définies. Le territoire n'est pas délimité; la justice répressive est désarmée; l'anarchie est partout; en un mot, l'Algérie offre l'image du chaos, et jamais peut-être le désordre matériel et moral n'avait acquis un pareil degré d'intensité.

L'Amiral proteste énergiquement contre ce tableau, qu'il qualifie de systématiquement pessimiste. Il répète qu'il a pour lui tous les conseils électifs, et déclare qu'il jouit en Algérie de la popularité la plus éclatante.

N'ai-je pas vaincu l'insurrection indigène? N'ai-je pas réparé les désastres des colons à l'aide d'une indemnité de guerre de 23 millions?

M. LUCET. — Mais, monsieur l'amiral, il me semble que la plus grande partie du mérite que vous semblez revendiquer pour vous seul revient aux braves généraux qui ont conduit les colonnes expéditionnaires, notamment aux généraux de Lacroix et Lallemand, vos égaux en grade, et aux soldats qu'ils avaient sous leurs ordres. Quant à l'indemnité allouée aux colons, les commissions d'indemnité y sont bien aussi pour quelque chose. C'est à elles, si je ne me trompe, que doit s'adresser, avant tout, la reconnaissance des colons.

Les trois points que nous avions à examiner étant épuisés, M. Thiers résuma en quelques mots le débat. En terminant, il engagea M. de Gueydon et la députation algérienne à reprendre leurs rapports de coopération, et rappela que celle-ci avait soutenu le gouverneur au début.

M. LUCET. — Cela est vrai, et loin de considérer ce souvenir comme un reproche, nous nous en faisons honneur. Cela prouve que les députés de l'Algérie ne sont mus, à l'égard de de M. de Gueydon, par aucun sentiment d'animosité personnelle, que l'intérêt du pays est leur seul guide. Mais c'est qu'alors nous ne connaissions pas encore l'amiral; quand nous avons vu jusqu'à quel point il poussait le sentiment de sa personnalité; quand nous avons compris que nous étions séparés, non pas par des nuances, mais par des principes, en matière politique aussi bien qu'en matière de colonisation, nous nous sommes éloignés de lui, et nous avons la conviction que l'abîme qui nous sépare rendra toujours impossible un rapprochement entre lui et la députation algérienne, interprète des vœux et des sentiments de la partie saine de la colonie.

Tel a été cet entretien, dont je n'ai pas la prétention d'avoir reproduit les termes mêmes, mais dont j'affirme avoir exprimé le sens avec une scrupuleuse exactitude.

M. LUCET.

www.ingramcontent.com/pod-product-compliance
Ingram Content Group UK Ltd.
Pitfield, Milton Keynes, MK11 3LW, UK
UKHW032039260826
14628UKWH00007B/3055

9 782013 570022